Morna Pearson

How to Disappear

D1097362

Bloomsbury Methuen Drama
An imprint of Bloomsbury Publishing Plc

B L O O M S B U R Y
LONDON · OXFORD · NEW YORK · NEW DELHI · SYDNEY

Bloomsbury Methuen Drama
An imprint of Bloomsbury Publishing Plc

Imprint previously known as Methuen Drama

50 Bedford Square	1385 Broadway
London	New York
WC1B 3DP	NY 10018
UK	USA

www.bloomsbury.com

**BLOOMSBURY, METHUEN DRAMA and the Diana logo
are trademarks of Bloomsbury Publishing Plc**

First published 2017

© Morna Pearson, 2017

British Library Cataloguing-in-Publication Data
A catalogue record for this book is available from the British Library.

ISBN: PB: 978-1-3500-7567-2
ePub: 978-1-3500-7569-6
ePDF: 978-1-3500-7568-9

Library of Congress Cataloging-in-Publication Data
A catalog record for this book is available from the Library of Congress.

Series: Modern Plays

Cover design: Olivia d'Cruz
Cover image © Michael Cranston

Typeset by Mark Heslington Ltd, Scarborough, North Yorkshire
Printed and bound in Great Britain

To find out more about our authors and books visit *www.bloomsbury.com*.
Here you will find extracts, author interviews, details of forthcoming
events and the option to sign up for our *newsletters*.

Traverse Theatre Company

How to Disappear

by Morna Pearson

How to Disappear by Morna Pearson was first produced and
performed at the Traverse Theatre, Scotland on 8 December 2017
by arrangement with Knight Hall Agency Ltd.

Originally written on a Channel 4 Playwrights' Scheme Bursary.
Winner of the Catherine Johnson Best Play Award 2015.

COMPANY LIST

Cast

Kirsty Mackay	Isla
Sally Reid	Jessica
Owen Whitelaw	Robert

Creative Team

Morna Pearson	Writer
Gareth Nicholls	Director
Becky Minto	Designer
Kai Fischer	Lighting Designer
Michael John McCarthy	Composer and Sound Designer

Production Team

Kevin McCallum	Production Manager
Renny Robertson	Chief Electrician
Claire Elliot	Deputy Electrician
Gary Staerck	Head of Stage
Tom Saunders	Lighting and Sound Technician
Gemma Turner	Company Stage Manager
Gillian Richards	Deputy Stage Manager
Shellie Barrowcliffe	Assistant Stage Manager
Jonathan Kennedy	Assistant Stage Manager
James Hamilton	Stage Management Work Placement

COMPANY BIOGRAPHIES

Kai Fischer (Lighting Designer)

Lighting design credits for the Traverse Theatre include: *I Was a Beautiful Day, Gorgeous Avatar, The Pearlfisher* and *One Day All This Will Come to Nothing*. Kai recently designed set and costume for the Traverse Theatre production of *Tracks of the Winter Bear*.

Lighting designs for other companies include: *Tabula Rasa, Tomorrow* (Vanishing Point); *Cockpit, Charlie Sonata, Irma Vep, Blood and Ice, Woyceck* (Royal Lyceum Theatre Edinburgh); *Wallace* (The Arches); *Great Expectations* (Beckman Unicorn/West End); *One Million Tiny Plays About Britain, Othello, Museum of Dreams, The Dance of Death, Endgame* (Citizens Theatre); *Medea's Children* (Lung Ha); *Eve, The Tin Forest, Riot of Spring, Pink Mist, Gobbo, Julie* (National Theatre of Scotland); *The Demon Barber, Phedre, Cinderella, Pinocchio* (Perth Theatre); *Brigadoon* (Royal Conservatoire of Scotland); *Oresteia* (SummerScape, New York); *4.48 Psychosis* (Sweetscar); *Macbeth* (Theatre Babel/Hong Kong Cultural Centre); *The Indian Wants The Bronx* (Young Vic).

Set and lighting design credits for other companies include: *Duke Bluebeard's Castle/The 8th Door, Ines de Castro* (Scottish Opera); *The Destroyed Room, The Beautiful Cosmos of Ivor Cutler, Wonderland, Saturday Night, Interiors* (Vanishing Point); *Fewer Emergencies, Heer Ranjha* (Ankur); *Somersault, Allotment 3 and 4, Mancub, Little Otik, Home Caithness* (National Theatre of Scotland); *Grit* (Pachamama); *A Midsummer Night's Dream, Wondrous Flitting* (Royal Lyceum Theatre Edinburgh); *Kind of Silence* (Solar Bear); *Mister Holgado* (Unicorn); *One Night Stand* (Nick Underwood).

Own projects include *Last Dream (On Earth)* (with National Theatre of Scotland and Tron Theatre) and the performance and installation piece *Entartet* (with Vanishing Point and CCA Glasgow).

Kirsty Mackay (Isla)

Kirsty trained at the Royal Scottish Academy of Music and Drama.

Theatre credits include: *Gameplan, Roleplay, Flatspin, Carousel* (Pitlochry Festival Theatre); *The Crucible, A View from the Bridge,The Importance of Being Earnest, Romeo and Juliet* (Royal

Lyceum Theatre); *Broth* (Traverse Theatre/Òran Mór); *The Tempest, Further Than the Furthest Thing, Steel Magnolias, Cinderella, Baby Baby* (Dundee Rep); *Peter Pan* (National Theatre of Scotland). Television credits include: *Trust Me, Teacup Travels, Blethering Referendum*. Radio credits include: *The Gap*.

Michael John McCarthy (Composer and Sound Designer)

Michael John is a Cork-born, Glasgow-based composer, musician and sound designer.

Theatre and dance credits include: *Trainspotting* (Citizens Glasgow and King's Edinburgh); *Futureproof* (Cork Everyman); *Jimmy's Hall* (Abbey Theatre, Dublin); *Glory On Earth* and *A Number* (Royal Lyceum Theatre Edinburgh); *Rocket Post, In Time O' Strife, Blabbermouth, The Tin Forest, The Day I Swapped My Dad For Two Goldfish, Truant, 99...100, Dolls* (National Theatre of Scotland); *The Gorbals Vampire, Rapunzel, Into That Darkness, Fever Dream: Southside* and *Sports Day* (Citizens Theatre); *August: Osage County, George's Marvellous Medicine, The Cheviot, The Stag and The Black, Black Oil, The BFG* and *Steel Magnolias* (Dundee Rep); *Light Boxes, Letters Home: England In A Pink Blouse, The Authorised Kate Bane* (Grid Iron); *The Weir, Bondagers* (Royal Lyceum Theatre Edinburgh); *The Lonesome West, Under Milk Wood* (Tron Theatre Glasgow); *Un Petit Moliere, The Silent Treatment* (Lung Ha); *Bright Black, The Not-So-Fatal Death Of Grandpa Fredo* (Vox Motus); *Grain In The Blood* (Traverse Theatre/Tron Theatre); *JRR Tolkien's Leaf By Niggle* (Puppet State Theatre); *The Interference* (Pepperdine Edinburgh); *Heads Up* (Kieran Hurley/Show & Tell); *The Red Shed* (Mark Thomas/Lakin McCarthy); *A Gambler's Guide To Dying* (Gary McNair/Show & Tell); *Glory* (Janice Parker Projects); *The Winter's Tale* (People's Light & Theatre, Philadelphia).

To date he has collaborated on the making of seven Scotsman Fringe First award winners and has been twice-nominated for the Critics Award for Theatre in Scotland in the category Best Use of Music and Sound.

Work for film includes co-composing/performing the score for *Where You're Meant To Be* (Paul Fegan) and music for *Pitching Up* (Maurice O'Brien/Guardian Documentaries).

He is lead artist on Turntable, a participatory arts project in association with Red Bridge.

Becky Minto (Designer)

Current and future projects include: *How to Disappear* (Traverse Theatre); *The Last Bordello* (Fire Exit); *Shift* (National Theatre of Scotland); *Passing Places* (Dundee Rep); *The Rise and Fall of Little Voice* (Pitlochry Festival Theatre).

Becky has designed for a wide range of productions from main-house and touring productions, aerial and dance performances, to site-specific and large outdoor events.

She has designed over 100 productions for companies including National Theatre of Scotland, Royal Lyceum Theatre Edinburgh, Grid Iron, Visible Fictions, Vanishing Point, Scottish Dance Theatre, Lung Ha, All or Nothing, Perth Rep, 7:84, The Byre, Citizens Theatre, Upswing Aerial Theatre Company, Fire Exit, Walk The Plank, Mark Murphy, Royal Conservatoire of Scotland, Dundee Rep and Pitlochry Festival Theatre.

She was Associate Designer for the Opening and Closing Ceremonies for Glasgow 2014 Commonwealth Games, *Land of Giants* (Belfast/London 2012 Festival) and *This Side, the Other Side* (Turku's Capital of Culture Opening Ceremony in 2011).

Becky was awarded the Silver Medal for Space Design for the National Theatre of Scotland's production of *The 306: Dawn* at the World Stage Design exhibition in Taipei 2017. She has been nominated for three CATS awards and a Manchester Evening News Award for Best Design.

Her designs for the National Theatre of Scotland's Shetland-based production *Ignition* and Iron-Oxide's *White Gold* were selected for the exhibition *Make Believe/UK Design for Performance*, shown at the Prague Quadrennial and the V&A in London in 2015. Her designs have been shown at the Society of British Theatre Designers exhibitions in 2015, 2011 and 2007. She lectures in Set Design and Performance Costume at the Edinburgh College of Art.

Gareth Nicholls (Director)

Gareth is Associate Director at the Traverse Theatre, previously in post as Citizens Theatre's Main Stage Director in Residence (2014–16).

His recent shows have included the Scottish premiere of Yasmina Reza's *God of Carnage* at the Tron Theatre, Traverse Festival 2017 hit *Letters to Morrissey* and a sell-out production of Irvine Welsh's *Trainspotting* at the Citizens Theatre and King's Theatre – all of which went on to gain much critical acclaim, including four- and five-star reviews.

Other directing credits include: *Blackbird* by David Harrower, *Into That Darkness* by Gitta Sereny, *Vanya* by Sam Holcroft (Citizens Theatre); *Under Milk Wood* by Dylan Thomas (Tron Theatre); *Donald Robertson Is Not a Stand-Up Comedian*, *A Gambler's Guide to Dying* by Gary McNair (Gary McNair/Show & Tell); *Voices from the Black that I Am* by Karl O'Brian Williams, *Moby Dick* by Herman Melville, *Prom* by Oliver Emanuel (Òran Mór); *Educating Ronnie* by Joe Douglas (Utter); *The Little Boy that Santa Clause Forgot* (Macrobert); *The Tin Forest South West* (National Theatre of Scotland); *Tis Pity She's a Whore, Coriolanus, The Burial at Thebes* (Royal Conservatoire of Scotland).

Gareth has won three Fringe First Awards and a Scottish Arts Club Award, and is Co-Artistic Director of new-work company Utter.

Morna Pearson (Writer)

Morna Pearson is an Edinburgh-based writer originally from Elgin, Moray. She is an Associate Artist at the Traverse Theatre and a mentor for Playwrights' Studio, Scotland.

How to Disappear, the play written while on the Channel 4 Playwrights' Scheme, won the Catherine Johnson Best Play Award in 2015.

Plays include: *Dr Stirlingshire's Discovery* (Lung Ha/Grid Iron); *Walking on Walls* (Traverse Theatre/A Play, A Pie and A Pint, Òran Mór); *Bin Heid* (Traverse Theatre); *Lost at Sea* (Catherine Wheels); *The Library* (Frozen Charlotte); *The Strange Case of Jekyll and Hyde* (Lung Ha); *Ailie & the Alien* (National Theatre Connections); *Un Petit Molière* (Lung Ha); *Couldn't Care Less* (Plutôt La Vie/Strange Theatre);*The Artist Man and the Mother Woman* (Traverse Theatre); *The Company Will Overlook a Moment of Madness* (National Theatre of Scotland/A Play, A Pie and A Pint, Òran Mór); *Elf Analysis* (A Pie and A Pint, Òran Mór); *Distracted* (Traverse Theatre, received the Meyer-Whitworth Award).

Radio: *Side Effects* (BBC Radio 3/Bona); *McBeth's McPets* (BBC Radio Scotland). Film: *I Was Here* (Scottish Shorts, SFTN).

Sally Reid (Jessica)

Theatre work includes: *Rhinoceros* (Edinburgh International Festival/ Royal Lyceum Theatre); *The James Plays* (National Theatre of Scotland/National Theatre); *Great Expectations, Time and the Conways* (Dundee Rep); *Three Sisters* (Tron Theatre); *Blithe Spirit* (Perth Theatre); *Guid Sisters, Union* (Royal Lyceum Theatre); *Days of Wine and Roses* (Tron Theatre, nominated best actress CATS Awards 2013); *Doubt* (Theatre Jezebel); *Sunset Song* (His Majesty's Theatre, Aberdeen); *The Wall* (Borderline Theatre Company, nominated best actress CATS Awards 2008); *The Ducky, The Chooky Brae* (Borderline Theatre Company).

Recent TV credits include: *Scot Squad, Only an Excuse, Two Doors Down* (BBC Scotland). Sally attended the School at Steppenwolf in Chicago where she trained in Meisner, Viewpoints and improvisation with ensemble members.

Owen Whitelaw (Robert)

Owen trained at the Royal Conservatoire of Scotland.

Theatre credits include: *The Strange Undoing of Prudencia Hart, In Time o' Strife, Knives in Hens, Peter Pan, Mary Queen of Scots Got Her Head Chopped Off, Our Teacher's a Troll, Cockroach, 365, Rupture* (National Theatre of Scotland); *Trainspotting, King Lear* (Citizens Theatre); *The Skriker* (Manchester Royal Exchange/ Manchester International Festival); *Slope* (Untitled Projects); *Unfaithful* (Traverse Theatre); *Paul Bright's Confessions of a Justified Sinner* (Untitled Projects/National Theatre of Scotland); *The Life of Stuff, Cotton Wool, Nowheresville* (Theatre503); *Wonderland* (Vanishing Point/Edinburgh International Festival); *A Puff of Smoke* (Tristan Bates Theatre); *About a Goth, 10,000 Metres Deep* (Paines Plough).

Television and film credits include: *One of Us* (BBC One), *Dying Light, What Would Ridley Do, Scoring.*

BBC radio credits include: *Kidnapped, King Lear, McLevy, The Second Mr. Bailey, Blindness, Acting Up.*

About Traverse Theatre Company

Formed in 1963 by a group of passionate theatre enthusiasts, the Traverse Theatre was originally founded to extend the spirit of the Edinburgh festivals throughout the year. Today, under Artistic Director Orla O'Loughlin, the Traverse is proud to deliver its year-round mission of championing creative talent by placing powerful and contemporary theatre at the heart of cultural life – producing and programming urgent and diverse work spanning theatre, dance, performance, music and spoken word.

Through the work it presents, the Traverse aims to both entertain and stir conversation – reflecting the times and provoking crucial debate amongst audiences, inspiring them to ask questions, seek answers and challenge the status quo.

The Traverse has launched the careers of some of the UK's most celebrated writers – David Greig, David Harrower and Zinnie Harris – and continues to discover and support new voices, including Stef Smith, Morna Pearson, Gary McNair and Rob Drummond.

With two custom-built and versatile theatre spaces, the Traverse's home in Edinburgh's city centre holds an iconic status as the theatrical heart of the Edinburgh Festival Fringe every August.

Outside the theatre walls, the Traverse runs an extensive engagement programme, offering audiences of all ages and backgrounds the opportunity to explore, create and develop. Further afield, the Traverse frequently tours internationally and engages in exchanges and partnerships – most recently in India, New Zealand and Quebec.

'*The Traverse remains the best new writing theatre in Britain.*'
The Guardian

For more information about the Traverse please visit *traverse.co.uk*

With thanks

The Traverse Theatre extends grateful thanks to all those who generously support our work, including those who prefer their support to remain anonymous.

Traverse Theatre Supporters

Diamond – Alan & Penny Barr, Katie Bradford
Platinum – Angus McLeod, Iain Millar, Nicholas & Lesley Pryor, David Rodgers
Gold – Carola Bronte-Stewart, Helen Pitkethly
Silver – Judy & Steve, Bridget M. Stevens, Allan Wilson
Bronze – Barbara Cartwright, Alex Oliver & Duncan Stephen

Trusts, Foundations and Grants

Anderson Anderson & Brown Charitable Initiative
The Andrew Lloyd Webber Foundation
The Backstage Trust
The Binks Trust
Bòrd na Gàidhlig
British Council: UK/India 2017
The Cross Trust
The Dr David Summers Charitable Trust
Edinburgh Airport Community Board
The Educational Institute for Scotland
The James Menzies-Kitchin Trust
The Linbury Trust
Ponton House Trust
The RKT Harris Charitable Trust
The Robert Haldane Smith Charitable Foundation
The Saltire Society Trust
The Santander Foundation
The Souter Charitable Trust
Unity Theatre Trust
The W. M. Mann Foundation

Traverse Theatre Production Supporters

Allander Print
Cotterell & Co
Paterson SA Hairdressing
Narcissus Flowers

Special thanks to British Heart Foundation (Leith), Edinburgh Life magazine, The Big Issue Scotland, Grid Iron, The Lyceum, Big House Events, Imogen Michael, John Bellass at Platinum International, New Scientist, Black Bull (Grassmarket).

Grant Funders

ALBA | CHRUTHACHAIL

FUNDED BY
·EDINBVRGH·
YOUR COUNCIL – YOUR CITY

Traverse Theatre (Scotland) is a Limited Company (SC076037) and a Scottish Charity (SC002368) with its Registered Office at 10 Cambridge Street, Edinburgh, Scotland, EH1 2ED.

Traverse Theatre – The Company

How to Disappear

Characters

Robert, *twenty-eight*

Isla, *twelve–fourteen*

Jessica, *late thirties/forties*

Set in Elgin in north-east Scotland.

*In **Robert**'s room there are many alarm clocks sitting; perhaps they are numbered or coloured differently. The walls are mostly covered with bits of paper with handwritten data on them, occasional equations and miscellaneous diagrams, graphs and illegible writing. Some of this has been scribbled straight onto the wall, when a piece of paper couldn't be found. There is a door to a large walk-in cupboard.*

Scene One

Robert *is floating outwith space and time. He is surrounded by tiny flashing lights; stars and planets from the solar system fly past him. An angelic, soothing voice tries to awaken him from his meditative state.*

Voice   Robert . . . Robert . . . Robert –

Scene Two

Isla   Robert! Whit the fuck? You helping or whit? It's your fuckin 'hing. Wid you quit pickin your skin for ain skin-pickin minute.

Robert   Wis I pickin again?

Isla   Aye. Wid you help me look? I've got tae get back tae school.

Robert   Aye, I'm helpin.

Isla   I'm sure the letter said it wis this week. Maybe it said next week.

Robert   I'm sure it said December.

Isla   This is December.

Robert   Oh.

Isla   Weel, keep looking then.

She watches him look.

I've a'riddy looked there.

Robert   Och.

He looks somewhere else.

Isla   And there.

Robert   Och.

Isla   Look ower there. Or look unner your bed. Christ kains I'm nae lookin unner there. Lunchtime's nearly ower. I've nae even had ma piece yet.

Robert   Oh, are you makkin a piece? I'll hiv ain.

Isla   Nae doot.

Robert (*finds a letter*)   Fun' it!

Isla   Thank God.

Robert (*inspecting it*)   Och, nut. It's ain o your al' detention letters.

Isla   That'll be the ain I wis gied anither detention for losin.

She tuts and goes back to the search.

Oh . . . that reminds me . . . can you sign this?

Hands him a letter from her pocket/school bag.

Robert   Whit is it?

Isla   Jist sign it.

Robert   Anither detention?

Isla   Looks like it.

Robert   Whit did you dee this time?

Isla   Really, I've nae got a' day.

Robert   Whit did you dee?

Isla   I didna dee onythin. It wis Tracy.

Robert   Tracy again?

Isla   I wis roon' the back o the school wi Tracy hivvin a fag –

Robert   You wis whit?

Isla   Nut, *she* wis hivvin a fag, nae me.

Robert   Right . . .

Isla I wis jist standin wi her, honest. But 'en the bell went and her lacer wis undone, so I hudded her fag fan she knelt doon tae tie it . . . But then Mr Barclay came roon the corner and he seen me huddin the fag.

I cudna grass Tracy up, cud I? Her parents wid go radge, ay?

Robert Fair enough. Gies it.

He signs it. She puts it away.

Isla (*on finding another letter*) Here it is! (*Inspecting it.*) No it's nae. It's your referendum postal vote.

Robert Oh great. When is it?

She scrunches it up in a ball.

Hiv I missed it?

Beat.

Here, hiv we got ony pinkies left? I 'hink Charlene needs a feed.

Isla Nut.

Robert Cud you go past the pet shop efter school?

Isla I cud get a few but nae a hale bag.

Robert How?

Isla Our freezer's broken.

Robert Since when?

Isla Mind 'at day last week fan I makked you eat five bowls o peas, eleven tattie waffles, and twa litres o ice cream?

Robert Aye, I mind. That wis the best day o my life.

Isla Since then.

Robert Oh.

Jessica *appears at the door.*

Jessica   Knock knock.

Robert   Fa's there?

Jessica   I wis ringing your doorbell.

Robert   I wis ringing your doorbell fa?

Isla   It's nae a joke min.

Robert   Oh.

Isla   Fa the fuck are you?

Jessica   I had tae let masel in.

Isla   The doorbell is broken.

Jessica   Aye, right. Coorse it is. Heard that ain afore.

Isla   Cheeky bam.

Jessica   Tryin tae hide are you?

Isla (*to* **Robert**)   You hearin this?

Jessica   I kain a' the tricks. I'm here tae see . . . let me see . . . a Roberta Broon.

Robert   Isla, I 'hink she's that wifie. Fae the letter.

Isla   Aye, we wis jist trying tae find your letter. Cudna mind when the appointment wis.

Jessica   The appointment's noo. Weel, it wis ten minutes ago tae be precise.

I've bin ringing your doorbell like an actual muppet.

(*To* **Isla**.) Are you Roberta Broon?

Isla   He's Robert Broom.

Jessica   Says here I'm seeing a Roberta Broon.

Robert   I'm Robert Broom.

Jessica   That's nae whit it says here.

Robert   Robert Broom.

Jessica   You're Robert Broon?

Robert   Broom.

Jessica   Broon?

Robert   Broom.

Jessica   Broon. Lik the colour?

Robert   Broom.

Jessica   Broon?

Robert   Broom. Lik broom goes the car.

Jessica   Whit?

Robert   Onomatopoeia.

Jessica   On a whit?

Robert   Broom goes the car.

Jessica   Whit?

Isla   For fuck sake. It's Broom with an M. An M for morons.

Jessica   Robert *Broom*? Right, weel, why didna you say so. I'm glad wiv finally got that sorted. It should be plain sailing fae here.

Smiles.

One of the many alarm clocks rings. **Robert** *and* **Isla** *glance at each other, then glance at the cupboard in anticipation.* **Isla** *exhales with disappointment.* **Robert** *switches off the alarm and crosses something off on a list.*

Jessica   Hoorna late tae be stairtin the day, is it nae?

Robert   Nut it's . . . I've bin awake since five.

Jessica   Hm. I 'hink your alairm clock begs tae differ.

Robert   Ay?

Isla   I suppose you'll be wintin tea or something?

Jessica   Tea wid be nice, aye.

Isla   Whit d'you tak in it?

Jessica   Jist milk.

Isla   Jist milk? Lik a cup o milk? Nae even a teabag?

Jessica   Aye a teabag.

Isla   Onything else?

Jessica   Weel . . . hot water.

Isla   Oh aye. Milk, teabag, hot water. And I jist shoogle it aroon a bitty?

Jessica   Aye. In a mug.

Isla   Ah, a mug. Right. Park yer airse 'en.

She exits.

Jessica   Whit a lovely welcome.

Beat.

I better tak my shoes off.

Robert   Thanks but there's nae need. We dinna dee that here.

Jessica   I can see. I'm takkin them off so dinna get any o this flair muck stuck tae ma three hunner poond Valentinos. They're worth six-fifty actually, but I got them half price off o eBay. Bairgain.

Takes off her shoes, finds somewhere to sit and sorts out her paperwork.

Noo. Robert Broom. My name is Jessica –

Robert   Oh! Hiv we met afore?

Jessica   Nut.

Robert   Wiv nae spoken?

Jessica   I wid've minded.

Robert   Your voice sounds familiar.

Jessica (*distracted as her eyes skim her surroundings*)   This is the first time I've had the . . . pleasure. So, my name is Jessica and I've bin sent here on behalf o the Depairtment o Work an' Pensions tae smoke oot the dregs, eh, nae smoke oot. Let me stairt again. My name is Jessica. I've bin sent here by the Tories, eh, nae the Tories, the DWP tae help realise the potential in their claimants. Clients. Realising potential in clients. That's it. Or something lik 'at. You get the picture.

Robert   I dee?

Jessica   Dinna worry, it's nothing serious. It's nae a test.

Beat.

Apairt fae the bitty that is a test.

Beat.

Oh, jist aboot forgot, d'you require a copy o the questions in Braille, Polish or Arabic?

Robert   Nut.

Jessica   Jist as weel. Coz I dinna hiv ony. Plenty in Gaelic though. D'you need it in Gaelic?

Robert   Nut –

Jessica   Nut, naebiddy ivver dis. Rigmarole ay? Rigmarole. Noo far wis I . . . So, aye, the government are payin me, *askin* me tae tak a peek ahind your clorty curtains, so tae speak, tae mak sure you're deein okay.

Kain, makkin progress and that. And checkin that your circumstances match up tae whit wiv got on file. Kain, basically makkin sure you're nae #lovinlife on a log flume in Majorca.

Robert   I'm nae #lovinlife on a log flume in Majorca.

Jessica   I can see. Speakin o curtains, d'you mind if I open yours a bitty so's I can keep an eye on ma car? I wis debating whither tae tak the bus or nae; this area is pretty dodge like, but I jist ended up driving. There's a bunch o loons doon the road playing kerbie. They'll be a' ower ma motor afore I kain it.

Robert   Dinna open the curtains.

Jessica   How?

Robert   It's tee bright.

Jessica   Oh right. One thirty in the efterneen tee early for you is it?

Robert   Nut. It's nae tee early. It's jist tee bright.

Jessica   Right, Robert. Let's jist get on wi it, ay?

Robert   Get on wi whit?

Jessica   'Section Number One'. 'Aboot You'. Noo you're supposed tae fill this bitty in, but I'll jist dee it, coz I'm guessin your handwriting is atrocious.

'Aboot You'. Name: Robert Broom. We got there in the end, ay? Aye.

Address: got your address. Blah blah blah . . . Here we go . . . 'Please state the illness or disability that prevents you fae being a hard-working member o our strong and stable society.'

Robert (*silence*)   Oh. Is this me noo?

Jessica   Aye. State your illness.

Robert   My illness is . . . eh . . . weel. I've pulled oot maist o my hair. I've peeled off maist o my skin. I'm in constant pain. I've got various weeping sores and ulcers. My skin is hyper-sensitive tae the natural light. So's my eyes. I've nae left the hoose in . . . aboot twenty year. Nae left this room in aboot twelve. I canna seem tae keep track o time. It either goes tee fast or goes tee slow. Sometimes it jumps and I dinna kain far I am a'taegither. I dinna sleep weel, if at 'a. I get chest pains. Hert palpatations. I can ainly eat soft foods. My teeth are sair. Maist o my toenails hiv gone fungal and dropped off.

Jessica   Hm.

Beat.

Skin rash.

Writes.

Right, next question –

Beat.

Whit's 'at chirpin?

Robert   Crickets.

Jessica   Oh right.

Robert   That wis an easy ain.

Jessica   That wisna the question.

Robert   Oh.

Jessica   Far wis I . . . next question –

Beat.

How've you got crickets?

Robert   Coz I've got tarantulas.

Jessica   Oh right.

Beat.

Yiv got tarantulas? In here?

Robert   Aye. Jist ahind you.

Jessica   Oh Jesus. They canna get oot, can they? The tanks are right secure ay?

Robert   Aye, totally. It'd be easier tae escape fae Alcatraz – (*Inspects closer.*) Och nut . . . Harold's escaped.

Jessica   Whit?

Robert   It's fine.

Jessica   But you jist said –

Robert   He'll turn up somefar.

Jessica   Is he gonna get me?

Robert   Nut.

Jessica   You sure?

Robert   Aye, totally. Unless he feels threatened. Or randy o course, which come tae 'hink o it, is pretty much a' the time.

Jessica   Oh Christ.

Robert   See, male tarantulas only live aboot twa years and they spend their hale short lives in complete distress, frantically trying tae get their end away. And then, fully exhausted, they crumple up and die.

Jessica   So is he goin tae bite me?

Robert   Nut.

Jessica   Or worse?

Robert   The worst he can dee is mak you a bit itchy fae releasing the barbed hairs fae his abdomen.

Jessica   Oh right. Is that a'?

Robert   He'll hiv fun' a dark corner tae hide in. He's mair scared o you than you are o him.

Jessica   Whit ither pets d'you hiv there?

Robert I've got an iguana, Scott. A corn snake, Charlene. And anither tarantula, Madge.

Jessica (*looking in a tank*)   Is 'at the snake?

Robert Nut, she's hiding aneath the log. 'At's her skin. She's shed it.

Jessica Gyads.

Robert She needs tae shed her skin every few months. So she can grow bigger and stronger. Else she wid stay sma' and weak. She wid feel restricted and suffocated. And, similarliy, taratulas shed their exoskeleton once a year. It's a really stressful time for them. It taks several days for their new ain tae harden, so they need time tae recover, their conditions need tae be kept constant, they require delicate care. They're so vulnerable at this stage that something as wee as a cricket cud kill it.

Beat.

And iguanas –

Isla *comes in with a mug, a bit out of breath*.

Jessica Ah, lovely.

Robert Took your time. Did you get the tea fae China?

(*Beat, to* **Jessica**.) We like tae hiv a laugh. Ay, Isla?

Isla Nut. We've ran ooto milk so I asked next door if I cud borrow some but he telt me tae fuck off, so I had tae run tae next-next door. An' 'en I realised we didna hae ony teabags so I asked for ain an' a'. An' 'en she wis like, will I jist mak you a cup o tea, and I said aye, please. So she rinsed the dog hairs oot her teapot, and makked you this.

Jessica Hm. Ta . . .

Isla The wifie says wash it oot and tak it back when yiv finished. Cheers.

Jessica Wait – how al' are you . . . whit's your name?

Isla   Isla.

Jessica   Should you nae be at school?

Isla   It's lunchtime. I'm jist going amn't I?

Jessica   So fa else lives in this hoose?

Isla   Our dad.

Jessica   Is he at work?

Robert and Isla   He's in Ibiza.

Jessica   Ibiza?

Isla   He's at a music festival in Ibiza.

Jessica   He's at a music festival in Ibiza?

Isla   Jist for a long weekend. He's worked hard maist o his life, bin a single parent tae us for the past ages.

Jessica   Far's your mam like?

Robert   She's . . .

Isla   Naen o your business.

Robert   Deid.

Isla   It's naen o her business.

Jessica   So your mam's deid and your dad's effed off tae a music rave-up?

Isla   Robert's mair than al' enough tae be ma guardian, so dinna even –

Robert   And Mam died ages ago –

Isla   Robert!

Robert   In a car crash.

Isla   She's writing a' this doon.

Robert   So?

Isla   Look, our dad's jist awa for a long weekend. If I'm honest we hivna exactly bin a walk in the park for him. So d'you nae 'hink he deserves some Euphoric Dutch Hoose me-time? Whit's wrong wi that? Och fuck it, I'm awa tae school.

Jessica (*to herself*)   Hormones.

Isla   Whit?

Jessica   Nothin.

Isla   Whit you wintin for tea, Robert?

Robert   Dunno, whit wis you planning?

One of the alarm clocks goes off. **Robert** *and* **Isla** *freeze and glance at each other.* **Isla** *watches as* **Robert** *goes to switch it off. They stare at the cupboard door.*

Robert   Nuthin.

Isla *seems disappointed.*

Jessica   Got enough alairm clocks?

Robert   Nut. Cud dee wi three mair actually.

Jessica *takes a sip of her tea, quickly realises she's got a dog hair stuck in her throat and tries to cough it up.*

Isla   Wash it doon, dinna cough it up. 'At's gross.

Jessica   I'm allergic. (*Coughs.*) Dog and cat hair.

Meanwhile **Robert** *goes to one of his lists on the wall and crosses something out.*

Scene Three

Robert *is alone. He is looking through his notebooks when there is the sound of a cat meowing at his door.*

Robert   Shoo! . . . Get tae! . . . (*He follows the sound of a cat meowing around his room.*) Shoo! . . . Awa!

Sound of a cat meowing under his bed.

Glaikit cat. Far hiv you come fae?

Sound of cat scratching at the cupboard door. He looks in the cupboard, but no sign of a cat.

Far are you?

He finds a charred box inside the cupboard. He opens it and tips it upside down. Ash falls out.

Scene Four

Jessica   C'mon 'en, whit's the answer?

Robert (*confused, looks about him*)   Tae whit?

Jessica   When did your illness stairt?

Robert   Oh.

Beat.

Helen Daniels.

Jessica   Fa's this?

Robert   It a' stairted going wrong the day she died.

Jessica   Wait a minty. Helen Daniels fae *Neighbours*? I'm sorry, but there's only a space here for a date. Nae the name o a fictional TV character.

Robert   Oh right. 17 October 1997.

Jessica   And how's 'at then?

Robert   Dunno. How can onythin be explained? Whit maks you keep clickin your pen off and on? Whit maks you keep checkin your phone?

Jessica   You're right perceptive, Robert.

Robert   Whit maks you keep reminding your partner o his infidelity?

Jessica   Sorry, whit?

Robert   Whit maks you keep watching *Maist Haunted* on your telly?

Jessica   How d'you kain 'at?

Robert (*beat*)   Abiddy watches it, ay?

Jessica   Aye, it's right good.

Beat.

Righto. 'Section Two'. 'Physical Function'. Can you move aroond the hoose and use steps wi oot difficulty?

Robert   It's a bungalow, nae a hoose.

Jessica   Right.

Robert   Helen Daniels lived in a bungalow.

Jessica (*places a pound coin on the floor*)   Can you pick up this poond coin?

Robert   Coorse I can. But she had a swimming pool.

Jessica (*she has to pick the coin back up*)   Okay.

Robert   We dinna hiv a swimming pool.

Jessica   Nut. I dinna expect you dee. Can you control your bowels and bladder wi oot ony difficulty?

Robert   Aye, usually. But yesterday I had a bit o a problem wi ma –

Jessica   Nope. That's enough.

Beat.

Eh, whit exactly d'you dee for the toilet? Since you claim you canna leave your room. You got an en-suite in there?

Robert   Nut. It's a cupboard. I dee it the al' fashioned wye.

Jessica   Whit's 'at?

Robert   Bed pan.

Jessica   Michty me. 'Section Three'. 'Mental, Cognitive and Intellectual Functions'.

Robert   Okay thanks for coming, that wis really interesting.

Tries to show her to the door.

Jessica   Ay, excuse me?

Robert   You hae a nice day noo.

Jessica   I 'hink I'll be the ain tae say when we're finished.

Robert   But it's time.

Jessica   Whit?

Robert   It's time.

Jessica   Time for whit?

Robert   *Neighbours.*

Jessica   Ay?

Robert   It's one forty-two.

Jessica   You wint tae watch *Neighbours*?

Robert   You mair o a *Hame an' Awa* person yersel like?

Jessica   You can bloody watch bloody *Neighbours* at five bloody thirty like the rest o us.

Robert   I dee bloody watch bloody *Neighbours* at five bloody thirty like the rest o us. But I watch it at one forty-five an' a'.

Jessica   How come you watch it twice? Cud you nae be deeing something mair productive wi your time?

Robert   Like whit?

Jessica   Jesus. Got ma work cut oot here.

Robert   Hey, you cud watch it wi me noo, then that wid save you time later. If you only watch it once a day, like.

Jessica   Whit d'you get ooto watchin it anither time?

Robert   I lik tae check it's the same. It usually is. But occasionally I notice different 'hings.

Jessica   Y'dee?

Robert   Sometimes it's like watching it through somebiddy else's eyes the second time.

Jessica   Is it?

Beat.

Look, Robert, I've bin workin wi fowk lik you for ower fifteen years noo.

I kain a' yer tricks, a' yer wyes. I'm the best there is at catchin folk oot.

In fact, afore I came here the day I declared a mannie in a coma fit for work. O coorse he wisna in a coma. I caught him oot wi this –

She shows him what looks like a fluffy-topped pen.

Robert   That's a nice pen.

Jessica   It's nae a pen. It's ma coma-tickler. Kain Fraser fae Finechty?

Robert   Nut.

Jessica   He's the chiel fae this morning. I also caught oot Bill Murdo fae Mosstodloch last month. Kain him? A' yous must kain each ither.

Robert   Murdo fae Mosstodloch? Nut.

Jessica   Unfortunately he wis right ticklish and he laughed so much he skited off his bed an' broke his back. Onywye. At least noo he's legitimately on the seek. 'At's jist a warning tae you.

Robert   So . . . whit you're saying is, we're nae going tae be watching *Neighbours*?

Scene Five

Robert *is alone. He is finishing redressing a bandage on his arm, when he notices a drip coming from the ceiling.*

Robert Och min. Is 'at a drip? Widna hae this problem in Ramsey Street. Sunniest place on earth.

He cups a hand to catch the drips. It takes him a while to realise he can't stand there for ever.

Robert Isla?

Silence.

Isla?

Silence.

Isla?

Silence.

Isla?

Isla (*she appears*)   Whit noo?

Robert Wiv got a drip.

Isla *groans.*

Robert Can you get a bucket? I dinna wint tae stand here a' night.

Isla Oh really?

Robert Here, did you tak a stray cat hame the other night?

Isla Nut. I've nae takked ain back for ages. How?

Robert You sure?

Isla Aye. How?

Robert Disna matter.

Beat.

Can you get me a car battery? It can be a used ain. And some rubber-soled shoes? Lik welly boots or that.

Isla   D'you 'hink I've nuthin better tae dee?

Robert   It winna tak you long. Jist rake aboot in the garage. And if there's nae joy, rake aboot in next door's garage. Or next-next door's garage.

Isla   But it's midnight.

Beat.

I've nae even stairted ma hamework yet.

Robert   Weel, it's important.

Isla   So's ma hamework.

Robert   You kain I need something tae dee when I canna sleep.

Beat.

And I'm deein it for baith o us.

Isla   Fine.

Robert   Hey, Isla?

Isla   Whit?

Robert   Is it raining ootside?

Isla   Eh . . . nut. It's bin dry a' night.

Robert   So . . . far's this drip coming fae?

Isla *shrugs as she exits.* **Robert** *looks up at the ceiling, confused.*

Scene Six

Neighbours *end theme tune plays from the TV.*

Jessica   Noo, can we finally get ontae Section Three?

Robert   Ay?

Jessica   'Mental, Cognitive and Intellectual Functions'. 'Do you have the ability to learn tasks such as using the washing machine?'

Robert   Probably. But I dinna hiv tae. Dad dis it.

Jessica   And when your dad's awa?

Robert   I've got mair than four pairs o pants.

Jessica   Right.

Robert   Coz 'at's how long he's awa for.

Jessica   So if he's awa for a long weekend, he'll be back on Monday?

Robert   Aye.

Jessica   So he left this morn?

Robert (*pause*)   'At's right.

Jessica   Early wis it?

Robert   Aye. It wis.

Jessica   Okay. 'Can you meet new people withoot feeling too anxious or scared?'

Robert   New people lik you?

Jessica   How did you feel when you met me?

Robert   I didna feel onythin.

Jessica   Whit, nuthin?

Robert   Nae really. Except the fact that you seemed familiar.

Jessica   Weel, some folk hiv said I've an air o Rita Hayworth aboot me.

Robert   Yiv an air o decomposing leaves, diesel fumes and a citrusy musky perfume –

Jessica   Lovely by Sarah Jessica Parker.

Robert   – that you wear tae disguise the reek o fags.

Jessica   I only hae twa or three fags a day.

Robert   My ainly real thought when you came in wis when is abiddy going tae go awa and let me get on wi ma business.

Jessica   I see. Whit business is this?

Robert   Weel, I wis planning tae sort oot ma *New Scientist* magazines the day.

They're lik a shambles.

Jessica   You must be right intelligent if you're reading the *New Scientist*.

Robert   Nae really. I dinna understand much o it. I jist hope it a' gets absorbed intae my brain jist by hivvin them aroond and by staring at them quite intently. Same wi a' my science books.

Jessica   Aye. By osmosis.

Robert   Nut. Brian Cox.

She begins adding up his test score.

Robert   Here, are you guid at maths?

Jessica   Aye, pretty guid. I got a 3 in ma Standard Grades.

Robert   Wid you tak a look at this for me?

He takes one of his scribbled-on sheets of paper off his wall and hands it to her.

Can you tak a look at these dates and times and see if there's a pattren?

Jessica (*briefly looks at it*)   Nut. (*Glances again.*) Nut. There's nae pattren.

Robert   You didna look at it.

Jessica   I did look at it and I cudna see a pattren. Jist looks lik screeds o random dates and times tae me.

Robert   You hardly looked.

Jessica   You hae a look then.

Robert   It canna be random.

Jessica   Whit did you get for Standard Grade maths like?

Robert   Disna matter.

Jessica   Whit is it onywye?

Robert   Jist a project.

Jessica   Kain 'is, I'm jist totting up your score . . .

Robert   My score?

Jessica   Your score fae the test.

Robert   Whit test?

Jessica   And there we hiv it. Congratulations! Yiv passed the test.

Robert   Hiv I?

Jessica   The assessment has deemed you tae be capable o work.

Robert   Whit dis 'at mean?

Jessica   I can tell you're desperate tae celebrate this fantastic result, but if you dinna mind pipin' doon for jist a minty, as we need tae assess whit *kind* o work you are capable o.

Robert   Ay?

Jessica   Y'kain, we need tae identify your abilities that are maist suited tae workplace activities and such.

Robert   . . .Whit?

Jessica   Firstly, can I see a copy o your current CV?

Robert   Nut.

Jessica Righto . . . That's the first mark against your name.

Robert For whit?

Jessica That cheek.

Robert Whit cheek?

Jessica You've bin warned. So in that case, can I ask aboot your employment history?

Robert Ask awa.

Jessica Hiv you ivver bin in paid work?

Robert Nut.

Jessica Whit, nivver?

Robert Oh . . .!

Jessica Aye . . .?

Robert When I wis aboot sivven years al' the mannie next door gied me fifty pence tae wash his car.

Jessica Great stuff. And d'you 'hink he cud write you an employer's reference?

Robert Nut. He's deid.

Jessica Och, buggers. That wid've bin perfect. In that case, let's discuss your positive personal attributes and employability skills.

Robert Attributes?

Jessica Attributes are personal characteristics which, if you communicate them effectively tae prospective employers, can mak you stand oot fae the crowd and prove your capacity for the job. For instance, I cud describe you as . . . ehm . . . intense? That can be seen as a positive in some . . . weird jobs. Onywye, that's jist an e.g. Come on, let's think o three attributes. A' the guid things come in threes.

Robert The Musketeers.

Jessica   Aye.

Robert   Destiny's Child.

Jessica   Right enough.

Robert   *Lord o the Rings* fillums.

Jessica   Okay.

Robert   But I widna include *The Hobbit* fillums in that. Three wis a bit much if you ask me. It's only a thin book.

Jessica   Christ Almichty. Focus, Robert. Focus. I'm gaspin for a Starbucks min.

Beat.

Whit aboot a' your writings on the wa'?

Robert   'At's Destiny's Child's second album.

Jessica   Oh so it is! But whit I wis meaning wis, I bet there's a lot o detail in a' your lists an' scribblins, ay?

Robert   Aye, s'pose there is.

Jessica   So shall we say yiv got a guid attention tae detail?

Robert   Okay.

Jessica   That's ain o your three attributes. Whit else noo?

Robert (*thinks*)   I've got this interesting rock.

Jessica   Whit's that?

Robert   Look. It's shaped like a red heart. I found it when I wis wee on the Rocky Beach. Guess whit day I found it on?

Jessica   Dunno.

Robert   Guess.

Jessica   Dunno. Whit day?

Robert   Valentine's Day.

Jessica   Oh right.

Robert   Isna that funny?

Jessica   That is funny.

Robert   I 'hink it must o bin a red brick. But the sea has battered it intae a heart.

Jessica   I wunner how long that took.

Robert   Aye. Fa kains.

Pause.

So, can we put this rock doon? As an attribute?

Jessica   Nut, deary. That's shite.

Robert   Oh.

Pause.

I can carve famous folk's faces ooto tatties.

Jessica   I dinna 'hink 'at's relevant somehow.

Robert   I'm sure I've got Sir Trevor McDonald somefar –

Jessica   Oh, I've a real soft spot for Trevor.

Robert (*he picks up a tattie off the floor*)   Look. Och, he's gone a bit mouldy.

Jessica   Aye, he is a bit hairy right enough. I detect a resemblance tae Tom Selleck noo perhaps? Widna kick him ooto bed.

Beat.

Food preparation!

Robert   Ay?

Jessica   It's lik food preparation, ay?

Robert   Aye, s'pose.

Jessica   Great. That'll be your second ain. So wiv git guid attention tae detail.

Wiv git food preparation. And we'll throw in hygiene skills wi that for guid measure. Whit kindo people d'you interact wi on a daily basis?

Robert   Jist folk that come intae my room.

Jessica   So naebiddy really.

Robert   Oh, there's a wee group o loons fa chuck stanes at my windees maist nights. They go tae Isla's school. I suppose I interact wi them. I used tae ignore them, but noo I shout at them, gie the finger tae them, and hud up handwritten rude words through the curtains. Last night I warned them that when I finish reading *Time Travel for Dummies* I'm going tae go back in time tae find their parents and mak sure they nivver meet so that these we chiels were nivver born. Kain, lik *Timecop*.

Jessica   *Timecop*?

Robert   Van Damme.

Jessica   Nut.

Robert   *Hot Tub Time Machine*.

Jessica   Oh aye, I love that fillum.

She catches up with her notes, doesn't listen properly.

Robert   I hiv a daydream that I climb ooto my windee, intae the cal' dark night, and I hide unner the slide in the play park ower the road. Then the loons, wi their bottles o buckie and golf clubs come sauntering in, swinging their clubs lik they've nivver played a roond o golf in their lives. But they hiv beaten many a wee loon til they're bloody and black and blue.

Meantime, I slink up the steps o the slide. Fan I'm at the top I stand as tall as a can and draw oot a machete. I let it glisten in the moonlight glow. It's easy tae torment a caged animal, I say. Jist you try and torment me noo! And I slide doon the slide and launch intae them.

I chop off a' their limbs. An' I leave them tae bleed tae death.

Then efter their last gargled bloody breath, I'll tak the machete tae their heids. And yin by yin I drop-kick their heids through their livin room windees, fan their parents are watching *Top Gear*, disappointedly, like, but oot o tradition, because they're feart that if they stop watchin it taegither then their hale marriage will stairt tae unravel.

And I'll wait tae hear the first screams afore I run, and run, and laugh, and run. It wid be the first time I've left the hoose in twenty years, but it'll be worth it. Oh aye, it'll be worth it.

Jessica   Righto, shall we say you're . . . guid wi people?

Robert   Guid wi people?

Jessica   As your third attribute.

Robert   Guid wi people . . . Aye, okay.

Jessica   Great. I think wi these three attributes you're goin tae hiv nae problem finding a job. (*Coughs over:*) In McDonald's.

Robert   Pardon?

Jessica   So I'll jist tak you off your benefits and pop you on Jobseeker's.

Robert   I've nae idea whit that means.

Jessica   It means you'll hiv tae scrub up a bit. You're a proud and patriotic Jobseeker noo. I mean, whit's this look yiv got going on?

Robert   Whit look?

Jessica   I'm sure it's cool wi the kids these days, but you canna attend interviews lookin lik 'at.

Robert   Whit d'you mean, attend interviews?

Jessica   Great stuff. A'maist finished writing up ma notes.

Robert   Whit d'you mean, attend interviews?

Jessica   Yiv passed the test, Robert. Flying colours.

Robert　Oh. So . . . ehm . . . I hiv tae ehm . . . whit, ehm . . . whit, like, leave the hoose?

Jessica　Och, Robert, you poor wee lamby. You obviously dinna unnerstand.

Robert　No! You dinna unnerstand! I canna leave the hoose. I canna leave this room. You canna mak me. Isla kains judo, so watch oot.

Jessica　Robert. If you dare threaten me wi violence I'll threaten you wi something far worse.

Robert　Whit?

Jessica　A sanction.

Robert　Whit's that?

Jessica　In fact yiv got ain dangling ower your heid right noo.

Robert (*looks up*)　It's whit?

Jessica　Look. Let me tell you something, Robert. Being in employment positively affects your health, wealth, well-being and sense o entitlement. Nae entitlement . . . Sense o self-worth! Hivvin a routine, serving the public, your community, is jist so fulfilling. Plus you can buy shoes, get a car on credit and hae spa days wi the girlies.

The rewards are endless and are yours for the takkin. Grab them. Grab the rewards, Robert. Look at me, Robert. Look at me. Dinna you wint tae be jist like me?

Gets on with her note-taking. He stares at her.

Scene Seven

Robert *is doing the final equations for an experiment in his notebook. He hears a voice coming from around the cupboard. He notes down what is said.*

Voice　. . . He's ca'ed me a bitch so many times the word his lost a' meaning.

He screams bitch . . . and worse . . . right in ma face, tryin tae hurt me, but . . . I've gone numb. I've bin numb for years. Dis 'at sound lik a marriage tae you? . . . I've survived by . . . paintin on a face . . . I hide fae him. And I pretend it's nae happenin . . . Noo I'm too numb tae care if I live or die.

The voice stops. He begins his experiment. He places a cricket in a box and closes it. He links the box up to a homemade contraption, including a car battery, to an electrical source. He electrifies the box, bright lights and currents can be seen. Then he switches off the contraption, looks in the box; the cricket has gone. He looks all around him for the cricket, he can't find it.

Robert   It worked . . . I 'hink it worked! (*He continues looking around.* **Isla** *enters.*) I might actually be a genius.

Isla   Whit you looking for?

Robert   A cricket. But it's gone. I've makked it disappear.

Isla   Min!

Robert   I thought you'd gone tae school.

Isla   Whit dis 'at mean? Can you control it?

Robert   You shouldna be here.

Isla   I dinna feel weel.

Robert   Whit's wrong?

Isla   Ma belly's sair.

Robert   Your belly?

Isla   Aye. Can you control it?

Robert   D'you mean your stomach?

Isla (*puts her hand on her abdomen*)   Aye.

Robert   Your stomach's up here. Is it your sma' intestine?

Isla   Robert.

Robert   Or your liver?

Isla   Robert.

Robert   Or your appendix? Or your pancreas? Or your gall bladder?

Isla   Robert.

Robert   Or your spleen? . . . Or your kidneys?

Isla   Aye. Ma kidneys.

Robert   Your kidneys are roond the back.

Isla   For fuck's sake.

Robert   Or your bladder? Your ovaries? Or your adrenal glands? Or your fallopian tubes?

Isla   Jist ma belly, y'neep.

Beat.

Can you control it noo?

Robert   Aye.

Isla   It's on your heid.

Robert   Ay?

Isla   The cricket. It's sittin on your heid.

She exits. **Robert** *lifts the cricket off his head; he is gutted.*

Scene Eight

Silence. **Robert** *continues to stare at* **Jessica** *as she writes notes.*

Jessica   Nearly there, Robert. Nearly there.

Robert   You had fish for your tea last night.

Jessica   I beg your –

Robert   Must've had it late. Aboot ten o'clock. I can smell it on your breath.

Jessica   I've brushed ma teeth. (*Trying to smell her breath.*)
Twice since.

Robert   It's nae fae your mooth, mair like your gullet.
Eating that late, it's nae goin tae sit weel in your stomach.
Kain, wi reflux and that.

She is embarrassed.

So you probably didna sleep weel.

Jessica (*she scribbles with her pen*)   Stupid pen is rinnin oot.

She takes another pen out of her bag, continues to write.

Robert   You nivver sleep weel.

Jessica   Fa dis these days?

Robert   You're exhausted.

Jessica (*tries to laugh*)   If you dinna mind, I'd like tae finish
my notes –

Robert   You lie awake at night. Every night.

'Hings fae years ago go rushing through your heid. 'Hings
yiv said or done, or 'hings you should o but didna. These
feelings are vivid and strong.

Regret, embarrassment . . . mainly regret. Negative feelings
flitting past, like that Pearl and Dean advert. And the person
you live wi noo . . . your husband? –

Jessica   Eh . . .

Robert   – is unsupportive. He disna speak. He disna listen.
It's lik you're a ghost. It's lik yiv disappeared. Ony rare
interaction yis hiv these days ends up wi him ca'ing you a
bitch.

Jessica   I wouldna hiv tae be a bitch if he wisna such a dick.

Robert   I kain. I kain.

Your eyes hiv lost their shine. The shadows are getting deeper. You can smile wi your mooth if you hiv tae. But it taks a lot o effort.

Coz you're nae really smiling. Yiv painted on a face. Yiv drawn a big smile.

The routine gets you doon. You wint tae go oot. Tae the cinema, tae a concert, tae a gallery. Somefar that reminds you that you're still alive.

But yiv got naebiddy tae go oot wi. You dinna like tae go on your ain.

And noo the darkness that followed you in your younger years is coming back. The heavy fog is descending. So thick it's crushing your chest. You can barely catch a breath. And it's a struggle tae get ooto bed. The weight pins you doon. You feel lik you weigh thirty stone.

You pull the covers ower your heid. Wishing you wis back hiding in the tiny cupboard under the stairs when you wis five years al', wi a torch and a blanket, hiding fae the voices that wis ca'ing your name. And, for a moment, you are back there. 'Far's that fuckin greetin bairn? She's nae in the gairden. She's nae upstairs. Hiv you checked the shed?' But you continued tae hide. Wishing they'd stop looking for you. Wishing they wisna bithered. Wishing their memory o you wid start tae fade.

And eventually, they'd forget you ivver existed. I kain you didna wint tae die. You jist winted tae disappear.

She nods.

And noo, d'you unnerstand how I've got nae hair and skin. Bandages are my covers I vanish ahind.

My skin has become a thin shell. Becoming mair translucent wi every layer I peel. Dinna tell, but I'm picking it awa tae nuthin. And I mean nuthin. It's becoming invisible. Jessica, I'm starting tae disappear.

Jessica   I think I've . . . made a mistake. I think I've . . . miscalculated. I'm sorry, Robert. But you've failed the assessment. I'll hiv tae . . . paperwork . . . anither file time . . . I'll paperwork anither file time . . . I'll hiv tae file . . . file time. I'll jist . . . lie doon for a bit.

Robert   Here, lie here.

Jessica   I just need a lie doon.

Robert   Aye. I can see.

Scene Nine

Isla   So she's nae coming back?

Robert   Aye.

Isla   You sure?

Robert   Aye. She said I failed the test.

Isla   Coz I can a'wyes dee a second paper roond.

Robert   Nut, it's fine.

Isla   But whit if she dis come back?

Robert   Dinna worry yersel.

Isla   But whit if you hiv passed the test?

Robert   She said I hadna.

Beat.

How much o dad's money hiv we left?

Isla   Nuthin.

Robert   Whit?

Isla   It ran oot ages ago.

Robert   How?

Isla   We bought *FIFA 18* mind.

Robert Oh aye.

Isla Which seemed fine at the time when he said he wid be awa for, whit, four days?

Robert Eighty-nine hours. That's whit me and him calculated.

Isla Weel, clearly yous calculated wrong.

Robert Maybe. Or maybe he missed it, for some reason.

Isla Like whit? Wid hiv tae be a good reason.

Beat.

He cud be locked up. He cud be being tortured. They cud be experimentin on him. He disna belong there. Or whit if he didna even make it. Whit if he's bin spaghettified –

Robert Dinna 'hink 'at.

Isla I hiv tae 'hink it. Coz whit's the alternative? Ay?

Robert Nut. There's nae wye he'd . . .

Isla I dinna unnerstand how he went in the first place.

Robert He jist winted tae see her. (*Silence.*) Whit's for tea?

Isla Whit d'you 'hink?

Robert I'd quite like a chippy.

Isla Oh aye, whit will I pay wi? Dust?

Robert I thought you got paid the day?

Isla 'At's for my judo. You kain 'at. Nae for buying you chippies.

Robert But yiv nae been for ages. Thought you'd stopped goin.

Isla I've nae been for ages coz I've nae had time, hiv I? I hiv tae go the night though, I'm so far ahind.

Robert Did you hear that?

Isla   Whit?

Robert   My belly growling.

Isla   I didna hear it.

Robert   It made a noise.

Isla   I didna hear it.

Robert   It did.

Isla (*suddenly feels pangs of hunger*)   Fuck's sake! I'll get a chippy then!

She disappears, then **Jessica** *appears.*

Jessica   Gyads.

Robert   You're back?

Jessica   This room is still thick wi stench.

He picks up an air freshener and sprays it directly at her.

Jessica (*coughs*)   D'you mind?

Robert   Is 'at better?

Jessica   If I wint tae be assaulted wi Fresh Mountain Pine I'll ask. So, d'you wint tae tell me whit happened last week?

Robert   Whit happened last week?

Jessica   That's whit I said.

Robert   Eh . . . you visited and I failed the test.

Jessica   Is 'at right?

Robert   Oh. And you felt unweel.

Jessica   Is 'at right?

Robert   Dog hairs.

Jessica   Whit?

Robert In your tea. I 'hink your allergies got the better o you. Kain folk are allergic tae dog dander-flakes o deid skin and the proteins in their saliva and urine, rather than their hairs.

Jessica You're sayin flakes o deid dog skin made me black oot, is it?

Robert Nut. Dog's deid skin. Dee antihistamines mak you drowsy?

Jessica I dinna kain whit you're getting at, but whit I dee mind is, afore I blacked oot, you telt me 'hings aboot mysel' that naebiddy kains. 'Hings I've nivver spoke aloud.

Pause.

Are you psychic or whit?

Robert I'm nae psychic.

Jessica You're nae?

Beat.

Kain it can mak you a good livin if you are?

Robert I jist hear the soundwaves that reflect off these walls.

Jessica Ay? Whit d'you mean?

Robert I heard the soundwaves but I cudna see the source.

Jessica You owerheard somebiddy speakin aboot me?

Robert Nut, I heard you speakin aboot you.

Jessica How exactly?

Robert Dunno but it wis definitely your voice I heard. Your voice reflecting off the walls. A whiley ago noo like. I can get a date for you if you gie me a few days tae go through ma notes.

Jessica   Look, whitivver. I dinna even wint tae kain . . . I jist wint you tae tell me . . . if you kain . . . far dis my husband go every Thursday evenin?

Robert   I'm nae psychic.

Jessica   I kain, you said. But, I jist wint tae kain, far dis he go?

Robert (*pause*)   I'm pretty sure you alriddy kain.

Beat.

You jist wint somebiddy tae say it oot loud.

Silence.

Jessica   Okay, yiv had your fun. At my expense. Let's get cracking, shall we?

Robert   Wi whit?

Jessica   How d'you 'hink I'm here, Robert? For shites and giggles? Aye, right.

Number 1. Can you show me whit yiv done in the wye o job searchin since we last met?

Robert   Ay? How you askin that?

Jessica   It's whit I ask abiddy fa passes the test.

Robert   But I failed. You said.

Jessica   Did I? 'At's funny, 'at's nae whit my paperwork says. Are you insinuatin' ma paperwork is wrong?

Robert   It's bin wrong afore.

Jessica   I'm nae fuckin aboot, Robert. Plus I'm getting my haircut at three-thirty.

Number 2. How many CVs hiv you handed oot?

Robert   Whit's this you're reading frae?

Jessica   It's jist a standard form.

Robert   Is it for me? I 'hink you've got the wrong ain.

Jessica   A'biddy gets the same form, same criteria.

Robert   That disna mak sense. Coz a'biddy's nae the same.

Jessica   D'you wint tae tell me aboot the progress yiv made since last week?

Robert   Progress fae last week . . . Let me 'hink . . . I got an air freshener.

Jessica   Aye, I jist got a taste o it.

Robert   And I'm nae sleepin under ma bed onymair. I'm sleepin on top o it noo, like maist ither people dee.

Jessica   Lik a' ither people dee, Robert. Nae maist ither people.

Robert   I've still nae found Harold.

Jessica   Oh you're kiddin me.

Robert   Spider webs hiv bin poppin up aboot the place. So he's definitely still in the room, which is guid news.

Jessica   Aye, 'at's amazin.

Isla *walks in, sees* **Jessica**.

Isla   Och nae you again.

Jessica   Here. You nae at school the day?

Isla   Fa are you like? Ma mither?

Robert   She's off ill.

Jessica   Oh right. Here, Isla?

Isla   Whit?

Jessica   You must dee a lot for Robert. Atween goin tae school and lookin after him, you canna hae much time for much else, ay?

Isla   I dinna dee much actually. Robert can look efter himsel. Onywye, Dad looks efter us usually. But he's awa.

Jessica   He's still awa?

Robert   He's awa at work.

Jessica   Right. Whit's it like hivvin a brither lik 'is?

Isla   Dunno. He's jist Robert. He's bin lik this my hale life. How?

Jessica   And Robert, how d'you feel hivvin your wee sister rinnin aboot efter you? D'you nae 'hink she should be oot playin wi her friends?

Robert   She disna really hiv ony friends so –

Isla   Aye, their a' dicks.

Jessica   Weel, I dunno. If he wis my brither, I might be asking masel how he's so lazy. I might be wonderin if he wis takkin advantage o my guid nature.

Robert   Whit're you getting at?

Jessica   Maist folk need a push. I bet naebiddy's gied you a push. See, I 'hink you're too comfortable. Wid you agree wi me, Robert? I'd tend tae agree wi me. So, ta-da! That's how I'm here, tae gie you a fuckin push.

Isla   Whit? Off a cliff?

Jessica   As far as I can see, Robert, you jist need a push. Am I right?

Robert   As far as you can see isna a' that exists. Scientists can see the universe is 90 billion light years in diameter, but they're still lookin for mair. And noo they've detected a black hole –

Jessica   Weel, how aboot I gie you a sanction and you can go help them find it.

Isla   Whit's a sanction when it's at hame?

Jessica   Your benefits will be stopped. For a period that I see fit. Tae learn you a lesson.

Robert   I 'hink you mean tae 'teach' me a lesson.

Isla   Robert, you canna let her dee that.

Jessica   A sanction will gie you the kick up the airse you need.

Isla   So you're giein him a kick noo? I thought it wis a push?

Jessica   It might be hard for yous tae see noo, but I'm jist trying tae help.

Robert   Whitivver.

Isla   Robert, whit is wrong wi you? Whit d'you 'hink is actually happening?

Whit are we supposed tae dee aboot . . . *that* . . . if you hiv tae go oot and get a job.

Robert   Weel, I canna go oot and get a job.

Isla   I kain that, but she disna. So you cud mak a noise aboot it. Kick up a fuss. Prove it tae her. Go on, prove it.

Robert   Like, how?

Isla   Fuck's sake, Robert!

Beat.

Actually, aye, fuck it. Fuck your help, wifie. We dinna need it. We've got a lovely cosy cushy life, ay Robert? See how Robert's hivvin a great time, loafin aboot. He's a laugh-a-minute, ay?

Robert   Am I?

Isla   And kain whit happens ony time I get helped? Fuck a'. Actually one hunner per cent fuck 'a. Kain whit happened at school? I telt my guidance teacher I'm getting bullied, I mean, fuck's sake, she even sees Michelle and that kickin the livin shite ooto me on a daily basis.

And d'you kain whit happens? D'you wint tae hiv a guess?
I'm gied a pile o work tae dee and I'm pit in a wee room by
masel for a week. And this isna a classroom I get pit in. It's a
stinkin, dusty, shitey, wee room.

A cupboard. A health hazard wi al' broken computers
stacked high.

And fooshty mops, bottles o bleach and buckets fa smell like
thiv definitely bin used tae mop up spewings, if nae worse.
And I'm supposed tae sit there a'day an' teach ma fuckin sel',
am I? Left a' day staring at books that dinna mak ony sense.
Except I kain whit maks sense. I'm the problem. I'm the
problem for the teachers. Mak me disappear and ah'hin's
fuckin lovely for the teachers. And it's fuckin rosey for the
radges. They continue tae get a full education while I rot ma
brains oot in a wee room. D'you kain whit it's like tae be
stuck in a stinky wee room?

Robert   I dee.

Isla   I wisna speakin tae you. Worst of a' on Thursday some
fud finds oot far I'm being kept and clipes tae Michelle and
that. So o coorse the shower o shites turn up, gieing me jip,
ripping up ma jotters. So on Friday the teacher 'hinks it's a
guid idea, for ma ain safety like, tae lock me in the room.
Coorse it got tae lunchtime and nae fucker came tae let me
oot. Blimmin stairving and needin a pish. Came tae three-
thirty and I've had tae pish in a fooshty bucket, which, if I'm
honest, makked the room smell a bitty better. The bell went
at the end o the day and my banging on the door had gone
unnoticed and ma shoutin did nuthin' but gie me a sair
throat. Then I realise abiddy had fucked off hame and left
me.

Pause.

So dinna you bother offerin your 'help'. Dinna you 'hink a'
we need is a kick up the airse. Kain how many kicks wiv had?
You kin keep kickin and kickin, but if you dinna stop for ain
minute tae actually listen tae me, tae actually hear whit I'm
sayin right tae your face, then –

Robert   Isla . . .

Isla (*pause*)   I had tae kick the door doon masel. Took me twa hours tae kick the fucker doon. They'd rather hiv left me tae die than tae dee their fuckin job properly.

Robert   How did you nae tell me, Isla?

Isla   And whit wid've you done aboot it? Whit *cud've* you done aboot it?

Robert *retreats, starts scratching and picking his skin.*

Scene Ten

Robert *is floating outwith time and space. Silky cobwebs appear.*

Robert   Harold? Are you here?

Tiny stars fall and land on the cobwebs and spell out 'help'.

I'm trying, Harold. I'm trying.

Scene Eleven

Isla (*to* **Jessica**)   Look at him for fuck's sake. See whit kind o mess he's in. You canna undee decades o . . . *this* wi a wee chat while you hide ahind your forms.

Look at him. You canna even see, can you?

Robert   I widna bother. You canna squeeze blood fae a neep –

Isla   Too right.

She punches him in the stomach; he yelps in pain.

Robert   Iya!

Jessica   Holy –

Robert   Whit d'you dee 'at for?

Isla   Coz I felt like punching somebiddy and I cudna punch her, cud I? She'd ca' the Feds on me, widn't she?

Jessica   Aye, she's right. I wid.

Robert   I might ca' the Feds on you.

Isla   You widna.

Robert   I wid.

Isla   You widna.

Robert   I wid.

Isla   Go on then. See whit happens then.

Robert   I widna.

Isla   At's right.

Beat.

Y'dick.

Jessica   Did you jist ca' me a dick?

Isla   Nut. I wis ca'ing him a dick.

Jessica   'At's a'right 'en.

Robert   Is it?

Isla   You are a dick, Robert. I mean, whit the fuck? You put an affa lot o effort intae helping Dad go awa, but you're nae exactly rushing tae get him back.

Robert   But I am –

Isla   But it's a'right for you insa it? Nothing changes for you. But I'm runnin aboot lik a heidless chicken in his place –

An alarm clocks rings. Everyone stares at it. A bright light emanates from behind the cupboard door. **Isla** *and* **Robert** *look at each other.*

Isla   Oh my God.

Robert   It's happening.

Isla   Finally.

Jessica   Whit's happening?

Isla   It's him.

Robert   D'you 'hink?

Jessica   Whit's goin on?

Isla   It's got tae be him.

Robert   He might nae be coming –

Jessica   Whit's a' the lights for?

Isla   Far is he?

Jessica   Whit's in there?

Isla   Far is he?

She makes a move towards the cupboard. **Robert** *grabs her.*

Robert   No!

Isla   I've got tae see.

Robert   Stand back.

Isla   Let go.

Robert   It's nae safe.

Isla   If he's nae here then . . . I'm going in.

They struggle.

Robert   I canna let you.

Isla   I need tae see him.

Robert   You kain whit it can dee.

Isla   But you let *him* go.

Beat.

Let me!

Robert   Isla.

Beat.

I need you!

Isla *stops struggling, looks at* **Robert**.

Jessica *moves towards the cupboard.* **Isla** *and* **Robert** *let go of each other and make a grab for her.*

Robert   No!

Jessica *wriggles out of their grasp and grabs the door handle.* **Robert** *grabs* **Isla** *and backs away in fear as she turns the handle. The door opens. The light beams out, absorbing* **Jessica**'s *body as she goes in.*

Isla   Tell Dad tae come hame!

Jessica *has disappeared. The door slams shut. The light goes out. The alarm clock stops ringing/is switched off. Silence.* **Robert** *and* **Isla** *look in disbelief.*

Isla   Oh shite.

Scene Twelve

Jessica *is spat out of the cupboard into* **Robert**'s *room. There are no pets, alarm clocks or papers on the wall and it doesn't look lived in. There is a hanging mobile at the window, made up of stars and the solar system.*

Jessica   Whit . . . the . . .!

She dusts herself down.

Get it off me . . . Get it off me . . .

Robert *enters the room carrying a bucket. He is startled, and holds the bucket defensively.*

Robert   Wow.

Jessica   Wow.

Robert   Wow.

Jessica   Wow.

Robert   Wow.

Jessica   No.

Robert   Wow.

Jessica   No.

Robert   Stay far you are.

Jessica   Whit –

Robert   I'm warning you.

Jessica   – the actual f –

Robert   My wee sister kains judo, so –

Jessica   Ow! Oh ma heid!

Pause.

Robert   It's you.

Jessica   Far the fuck am I?

Robert   Whit're you deein here? Are you okay? Are you cairrying a weapon?

Jessica   Whit did yous dee tae me?

Robert   Are you ill again?

Jessica   Have you drugged me?

Robert   Hiv you OD'd?

Jessica   OD'd?

Robert   D'you intend tae harm yersel?

Jessica   Ay?

Robert   Or me? Dee I need tae ca' the police?

Jessica   Whit've you done tae me, Robert?

Robert   So you dee mind me.

Jessica   Whit's . . . How's . . . Whit's . . .

Robert   Dinna worry yersel. A'hin is a'right.

Jessica   Whit's different?

Robert   A' you need tae dee in this moment, and in the next moment, is breathe.

Jessica   It's different!

Robert   It's bin redecorated since you wis here.

Jessica   It's different!

Robert   The roof fell in during Storm Boris. We got it fixed supposedly, but we still get a drip fanivver it rains.

A drip falls from the ceiling. He catches it in the bucket.

I'm sorry. I meant tae check you wis okay in the end.

Jessica   You tricked me.

Robert   Ay?

Jessica   See it's folk lik you . . . I kaint it. I kaint I smelt somethin fishy.

Robert   I 'hink you must be mistaken.

Jessica   Aye, right.

Robert   You mind fan we met?

Jessica   Aye, last week, ye freak o nature!

Robert   We didna meet last week. (*Beat.*) It wis me fa talked you doon.

Jessica   Doon?

Robert   Doon fae the bridge. (*Beat.*) On my wye back fae the library, I saw you climb ower the railings.

Jessica   The library? I 'hink you must be a bitty confused.

Robert   Nut I'm . . . D'you mind when I took you back here? While we waited for the doctor.

Jessica   Whit?

Robert   You telt me aboot your childhood. Your mither wis violent and your dad drank.

Jessica   Pff.

Robert   Your marriage wis on the rocks and I 'hink you'd racked up a lot o debt.

Jessica   Whit you on aboot?

Robert   You suspected your husband wis hivvin an affair. And nae for the first time. D'you mind?

Silence.

You wis sittin aboot there, and I telt you it'd get better. I kain it's lik a cliché, but it's the truth. Folk need tae be reminded. It will get better. (*Pause.*) Keep breathing, Jess.

Jessica   Jess?

Robert   You're lookin much better.

Jessica   Far's your beasties?

Robert   Ma whit?

Jessica   Your pets.

Robert   Ma cat?

Jessica   You dinna hiv a cat.

Robert   Aye we dee. See she's scratched up the door. She's nivver liked that cupboard.

Jessica   Far's Isla?

Robert   How d'you kain Isla?

Jessica   Whit wis it she said?

Robert   Yiv nivver met Isla.

Jessica   She said, tell Dad tae come hame.

Robert   Whit?

Jessica   I jist went intae the cupboard.

Robert   Hud on.

Jessica   Thought yis were growing hash or boilin up drugs.

Robert   Hud on. (*Beat.*) Hud on. (*Beat.*) You came fae *there*?

Jessica   Aye, how?

Robert   Wow. (*Beat.*) Wow.

Jessica   Whit?

Robert   Wow.

Jessica   Whit?

Robert   Wow.

Jessica   Whit you on?

Robert   It a' maks sense noo.

Jessica   Dis it?

Robert   Did they send you?

Jessica   Fa?

Robert   He's nae going back.

Jessica   Far?

Robert   Whit's your plans?

Jessica   I plan tae walk oot that door and go hame.

Robert   But it's nae your hame.

Jessica   Sorry, you'll hiv tae elaborate.

Robert   You dinna live here.

Jessica   I dinna?

Robert   You kain that.

Jessica   Yiv slipped me some drugs, that's a' I kain.

Robert   There's nae drugs. Wait. You honestly dinna kain?

Jessica   Whit?

Robert   I'm nae your Robert. And you're nae ma Jess. (*Pause.*) Whit's happened is . . . yiv went through a portal.

Jessica   A porthole?

Robert   A portal.

Jessica   A porthole?

Robert   A portal.

Jessica   A *port hole*?

Robert   Nut, lik a doorway. That cupboard is a doorway that links your world wi my world. And our twa worlds, weel, they're the same. The same but different. This isna your world.

Jessica   Hm. I tend tae 'hink it's the drugs.

Robert   It's nuthin tae dee wi drugs. Yiv came through a portal.

Jessica   Weel far ivver I've come fae, I'd lik tae go back. Right noo.

Robert   That's nae possible. Nae for a few days at least, but then you can go hame.

Beat.

Jessica   Help! Help! Help!

Robert   I 'hink you need tae tak it easy.

Jessica   Help!

Robert   Dinna get owerwhelmed. You're aboot tae become feverish. And your skin is likely tae be burnt. You need tae rest up for the next few days so you're as healthy as possible for goin back through. The only person we kain fa's went through it twice is Robert. And he didna come oot so guid, fae whit his dad telt me. Though he wis a wee boy at the time, so –

Jessica   Yiv git hair.

Robert   Aye.

Jessica   Yiv git skin.

Robert   Aye.

Jessica   You're nae him.

Robert   Nut.

Jessica   And you're sayin Robert . . . My Robert came here? (*Beat.*) And yous met?

Robert   Aye. Aboot twinty year ago.

Jessica   Twinty.

Robert   When we wis eight.

Jessica   Eight.

Robert   I wis off seek fae school. I wis a'wyes off seek at that age, wi asthma and chest infections. I wis in bed, watchin *Neighbours* on ma wee telly. There wis a rumble and Robert jist appeared fae the cupboard. I wis starin at him but he couldna tak his eyes off the telly. He cudna unnerstand how he wis seein Helen Daniels alive and weel on the screen here when he'd jist watched her die on his telly ower there.

Jessica (*to herself*)   That's how he's obsessed wi *Neighbours*.

Robert   Aye.

Jessica   How did the portal open?

Robert   He hid in the cupboard tae greet aifter seein Helen die and it jist happened.

Jessica   He wis greetin?

Robert   It's easier for him tae love a character than a real person. (*Beat.*) Onywye, that's whit gied Dad the idea tae come here. If whit Robert had said wis true, and Helen Daniels wis still alive here, then perhaps his wife cud be an' a'. And he wis right.

Jessica   Their mam died in a car crash.

Robert   Aye. Our car crashed here an' a'. But in this world my dad died and my mam survived. The opposite o ower there. But the guilt Robert's dad cairried wis something else, his only reason tae live, his only reason tae function wis the thought o makkin it ower here tae find oot if my mam wis still alive.

Jessica   Fuck. Aw . . . fuck. So he's jist fucked off an' left them?

Robert   It's nae that he's chosen tae abandon his kids, it's mair that he canna leave his wife again. They're inseparable. D'you see? We tried tae send money. I tak it they need money?

Jessica   Coorse they need money.

Robert   I'm sorry, but we're a family again. (*Beat.*) Kain it wis Robert that did a' the work tae get Dad here? He spent a' day, a' night, for years, obsessively observin and calculatin while his dad wis at work.

Jessica   Oh God. Robert went missin at the age o eight? I canna even imagine whit they wis going through. And he wis a'right here, wis he?

Robert   Aye. I'd sneak biscuits for him. I shared my tea wi him. And he hid and slept unner my bed.

Jessica   Doubt they wid hiv slept at a'.

Robert   Dad wis troubled wi guilt aboot it. The theme o his life.

Jessica   You're speakin aboot Robert's dad like he's
your dad.

Robert   Weel he is noo. And Isla's totally taken tae him.

Jessica   Whit's your Isla like then? Is she a pain in the airse
an' a'?

Robert   D'you mind nae ca'in my sister a pain in the airse.
Pick on somebiddy your ain size for Christ's sake.

Jessica   Sorry, but she behaves like a right bessom.

Robert   She's deein weel here. Got her sights on deein judo
in the 2020 Olympics.

Jessica   Is she that guid?

Robert   Aye, she's guid. That's a' she dis. A' she has time for.
Judo, eat, sleep.

She notices Harold the tarantula crawling across the floor.

Jessica   There's Harold.

Robert   Whit?

Jessica   Your randy spider.

Robert   Oh my God.

Jessica   Fun' him. Weel done. Brilliant.

Robert   I hate spiders.

Jessica   Ha! You got me! I mean, I lik a laugh as much as
the next civil servant, but this is jist –

Jessica   I'm nae mental. I kaint it. You're mental.

Robert   He's nae mine. He must've came through in the
cupboard wi you.

Jessica   Whit? Oh shite. (*She itches.*) He's jist shagged me in
the cupboard, has he. Oh gyads, he's bin up my trooser leg,
shaggin' me. Holy shite, he's jist violated my uterus and I'm
going tae gie birth tae hunners and thoosands o baby spiders

a' at once, jist spewin oot o me, jist spewin oot. And that'll be
me on the cover o *Fortean Times* or, at the very least, the *Daily
Mail*. Spider Wifie. That's whit they'll ca' me. I'll be the
Spider Wifie. And fa wid employ me efter that 'cept a freak
show?

Robert   Jessica?

Jessica   Whit?

Robert   That's nae possible.

Jessica   But – Robert says he's sex mad.

Robert   Okay. I 'hink you're experiencing side effects fae
your journey. Yiv went feel. That's whit happened when Dad
came here. (*Beat.*) You should also kain it's likely you'll
experience auditory and visual hallucinations. Dad explains
it's lik your universe has entangled wi ours. He says it's lik
threads fae your world are attached tae him. And he's pulled
them through wi him. Kain like fan you walk through a
spider's web and you feel lik yiv still got it on you?

Jessica   I'm a' itchy, lik I've got his barbed hairs a' ower me.

Robert   Dinna scratch your skin. We should probably get
some bandages on you soon. And if onythin, yiv probably jist
sat near Harold in the cupboard and flegged him.

Jessica   Oh great. I've jist flegged him. I canna even seduce
a randy spider. (*Pause.*) Whit is Jessica like ower here?

Robert   Weel, I jist met Jess that ain time.

Jessica   Is she your benefits assessor as weel?

Robert   Nut. You're Robert's benefits assessor?

Jessica   Aye.

Robert   That night I met her on the flyower bridge. You wis
– she wis sittin on the edge. She wis reluctant tae speak at
first. Then she started, but it didna mak much sense. She
cudna quite mak a sentence. Cudna quite get whit she
winted tae say oot. Said she wis waitin for a lorry.

Jessica A lorry?

Robert She couldna see a wye oot. She wis determined it wis her only option.

Jessica I really dinna believe something lik 'at wid happen tae me. Or her. Or whitivver. I'm nae the type. I'm nae that weak.

Robert Oh. I see. Poor Robert.

Jessica Whit d'you mean?

Robert Sounds like yiv an empathy deficiency.

Jessica I'm very professional. And I treat a' my clients the same, wi the same level o respect, thank you very much.

Robert Maybe 'at's the problem. (*Pause.*) I dinna 'hink you unnerstand, Jessica. Everythin that can happen will. (*Pause.*) In anither world, you jumped.

Scene Thirteen

Isla *enters the room with her school bag. She hands* **Robert** *a bowl. He takes it reluctantly. They sit in silence.*

Robert How wis school the day?

Isla Fine.

Robert Aye?

Isla I jist went tae English and PE. I juked the rest.

Pause.

Nae sign yet?

Robert Nut.

Isla So whit dee we dee?

Robert Jist wait.

Silence.

Isla   I'm sorry. I didna really wint tae . . . I jist miss him.

Silence. He plays with his food.

Robert   Ehm . . . whit is this?

Isla   It's . . . Angel Delight.

Robert (*pause*)   No it's nae.

Isla   Aye it is.

Robert   No it's nae.

Isla   Jist pretend it is.

Robert (*smells it*)   Is it Pepto-Bismol?

Isla   Feel free tae go oot and find your ain food.

Robert (*forces a spoonful*)   Mm, it's really nice. Thanks, Isla.

Isla   Oh –

She rakes in her schoolbag for something. She takes out a fun-size Milky Way, gives it to him.

Here you go.

Robert   Whit is it?

Isla   Whit dis it look like?

Robert   Far did you get it?

Isla   We did a beep test in PE the day. I came third. That's whit I won.

Robert   Oh, 'at's guid. Third oot the quinies?

Isla   Nut. Abiddy.

Robert   'At's right guid.

Isla   S'pose.

Robert   Are your claes weet?

Isla   Aye. A wee bit.

Robert   How come?

Isla   Michelle and that pushed me intae the showers. Efter I'd alriddy got changed like.

Robert   Oh.

Isla   D'you kain whit number the washin machine goes on at?

Robert   Nut.

Isla   D'you kain whit bitty the pooder goes in at?

Robert   Nut.

Isla   Och. I'll work it oot.

Robert (*offering her the Milky Way*)   Share it?

Isla   Okay.

They eat half each. She takes a jotter out of her schoolbag.

Can you help me wi my English hamework? I wid normally ask Dad but . . .

Robert   Whit is it?

Isla   It's an individual study. Like, it can be aboot a hobby or whitivver. I've nearly finished. I've jist got a few questions for you.

Robert   Okay. Go for it.

Isla   Whit time o day wis you born?

Robert   Eh . . . dunno.

Isla   D'you nae hiv your birth certificate?

Robert   Must be roon here somefar.

Isla   Disna matter then. D'you hiv ony newspaper clippings aboot the time you disappeared?

Robert   Eh, whit's your individual study aboot?

Isla   It's aboot you.

Beat.

I dinna really hiv onything else . . . Claire bagsied judo for her study and I canna exactly dee it aboot my paper roond, kin I?

Robert   Can I see it?

Isla   If you really wint tae.

She reluctantly hands him the jotter; he begins to look through it.

Robert   Whit's this?

Isla   It's a bit o your skin. I picked it up off the flair.

Robert   This is me, is it? (*Continues to look through the jotter.*) Is this a' whit I'm like?

Isla   It's nae an extensive essay. And it's nae quite finished.

Robert   Far did you get these pictures?

Isla   Fae a' the photaes in the loft.

Robert   Are there ony funny ains o you?

Isla   Nae really, there's nae many o me. Jist a few as a baby.

Robert   Oh aye, right enough. It wis a'wyes Mam ahind the camera y'see.

Isla   I thought so. I cudna find ony o her.

Robert   But look, she's in this ain.

Isla   Far? It's jist me, you and Dad.

Robert   Her reflection's in the windee. See?

Isla   Oh aye . . .

Pause.

You look cute there ay?

Robert   I mind this being taken. I mind that jumper. I got it for Christmas. I wis well chuffed. It wis jist like Des's ain. I winted tae be jist like him. He'd jist risked his life trying tae put oot the coffee shop fire. Whit a man.

Whit a hero.

Isla   Oh, wis Des fae *Neighbours*?

Robert   Aye.

Pause.

Dee I still look lik this?

Isla   Ehm . . . nae really. I mean, yiv got, like, taller and that, ay?

Robert   D'you hiv a mirror?

Isla   Aye.

Robert   Can I see it?

Isla   Are you sure?

Robert   Aye, I'm sure.

Isla   Okay. If you're sure.

Scene Fourteen

Robert *floats up through many mirrors. He studies the face and body he hasn't seen for years. Lots of different reflections appear, different possible versions of himself.*

Scene Fifteen

Robert   Can you go away please.

Isla   Ay?

Robert   Go. Away.

Isla   Whit's wrong?

Robert   Leave me alane!

He throws her jotter on the floor.

Isla   Whit the f –

Picks up her jotter.

I hate you!

Robert   I hate you too!

She leaps towards him and tries to fight him; he tries his best to hold her off. They struggle and shout for a while. Then, a bright light emanates from the cupboard; they freeze.

Robert   There's nae alairm.

Isla   Your calculations are getting worse.

Robert   D'you 'hink it's the baith o them.

Isla   Dad . . .

Jessica *emerges from the cupboard.*

Robert   Has he come back wi you?

Isla   Far's Dad?

Jessica *(trying to steady herself, possibly in pain, worse for wear)*   Ach . . .

Isla   Far is he? We gave you yin job tae dee.

Jessica   Hud on . . .

Isla   Far the fuck is he?

She goes to look in the cupboard.

Jessica   He's nae coming . . .

Isla   Whit?

She lunges towards **Jessica**, **Robert** *holds her back.*

Robert   Dinna!

Jessica   He's nae coming back.

Beat.

I'm going tae spew.

Isla   *You're* going tae spew?

Silence.

Robert   So Mam's alive there then?

Jessica   Aye.

Robert   Oh right.

Jessica   He didna mak the choice lightly.

Beat.

Believe me.

Beat.

He wis askin aifter yous.

Beat.

Sends his love.

Isla   He . . . he *whit?*

Jessica   He's bin torn apairt by it a'. This hale thing has jist bin –

Robert   Bin my fault. (*Beat.*) It's true. Ay, Isla?

Silence.

Jessica   Robert, get it taegither. You're the man o the hoose noo.

Robert   I'm the whit?

Isla   He's the whit? He's nae the man o the hoose! It's me. I'm the man o the hoose. I wish I wisna. But it's me. I am. And you wint kain something else? I'm nae sure I can stand tae stay here much longer.

This place is crushing me. I hate it. It's tumbling doon and it's sucking the life ooto me.

Robert   I'm sorry, Isla.

Isla   I dinna blame you, Robert. I blame her.

Jessica   Excuse me?

Isla   You've jist been waiting tae pounce on us. Waiting tae push us off that cliff. Get him off your books, tidy up your spreadsheet. Whit d'you get, ay? Apairt fae sadistic self-satisfaction. You on commission? I bet you are. You're happy tae watch us burn tae the grun', jist as long as nae ash lands on your bowfin knock-off high heelers.

Beat.

We're going tae be split up, Robert. They're going tae split us up.

Robert   How?

Jessica   Nut, they wilna.

Isla   How d'you kain?

Jessica (*pause*)   Coz . . . I'm nae going tae tell them onything. Can you imagine the paperwork?

Isla   Ah, right. I see.

Jessica   And I can see yous need help.

Beat.

O some sorts.

Pause.

I'll mak enquiries –

Isla   Enquiries?

Jessica   Aye.

Isla   Enquiries?

Jessica   Aye.

Isla   Holy keech. D'you hear that, Robert? Mither Theresa's going tae mak some enquiries.

Jessica (*to* **Robert**)   Is she being sarcasitic?

Robert *shrugs.*

Isla   And how long wid that tak you?

Jessica   Look. I'll dee ma best.

Isla   I dinna trust your best.

Jessica   This is me goin above and beyond –

Isla   For fuck's sake, whit is wrong wi you?

Jessica   Whit's wrong wi me?

Robert   Nut, really. Whit is wrong wi you?

Silence.

Jessica   Weel I've . . . Nut, weel . . . It's . . . I cannae just . . .

Pause.

I'm jist deein ma job.

Pause.

It's nae my obligation . . .

Pause.

There's a process I hiv tae follow.

Pause.

Kain a' the rigmarole . . .

Long silence.

Robert   Is onybiddy else stairving?

Jessica (*pause*)   I cud get pizza?

Robert   Aye?

Jessica   Isla? Whit d'you 'hink aboot pizza?

Silence.

Isla   Pizza's a stairt.

Jessica   Great. I'll phone Domino's.

Robert   Whit?

Isla   We've a Domino's noo?

Jessica   Och nut, sorry. I wis confused for a second. It's them that's got ain.

Isla   Och. Far aboots is it?

Jessica   High Street.

Isla   Min.

Jessica   But they dinna hae a Markies Foodhall.

Isla   Ha, nae Percy Pigs for them.

Jessica   Robert, you'll be interested in this ain. Woolies nivver closed doon.

Robert   Aw, lucky bams. I'd dee onythin for an owerpriced pick 'n' mix right noo. Whit else hiv they got but we dinna?

Isla   They've got Dad.

Robert *goes to hug* **Isla**, *manages to for a second before she pushes him away.*

Isla   Yuck, get off. Whit else hiv we got but they dinna?

Jessica   We've got a lot o stuff they dinna. Dinna you worry.

Isla   Whit dis their mam look like?

Jessica   She's got your colour o hair.

Isla   Dis she?

Jessica   She's got Robert's eyes.

Isla   Aye. I've got ma dad's.

Jessica   But she's got your grit.

Robert   And whit's Robert like? I'm guessin he's got hair and skin.

Jessica   Aye.

Robert   Aye.

Jessica   He's guid at lookin oot for folk.

Robert   A'right, dinna rub it in.

Jessica   But I believe you will be an' a', once you get yoursel sorted.

Isla   Aye, you will. You'll be the best, ay Robert?

Pause.

Dis Isla dee judo?

Jessica   Aye.

Isla   Whit belt is she on?

Beat.

Nut, dinna answer –

Jessica   She dis dee judo. But she's nae as guid as you.

Isla   Aye. Thought so.

Scene Sixteen

Robert *hammers planks of wood across the cupboard door. Perhaps* **Isla** *takes down the papers on the wall for the bin.*

Robert   So that's that.

Isla   Righto. D'you wint tae try noo?

Robert   Hm. In a minute.

Isla   You said that five hours ago. Jist say if you dinna wint tae –

Robert   Nut. I dee.

Jessica *enters, wearing trainers.*

Jessica   Knock knock.

Robert   You smell different.

Jessica   Dee I?

Robert   Aye. And you smell different. Fir trees. Yiv nae smoked the day.

And something else I canna put ma finger on . . .

Beat.

D'you feel different?

Jessica   Aye. I'm seeing 'hings differently noo. I'm getting help. Plus I'm spewin every half-hour.

Robert   Ah, that's the reek.

Jessica   Lik travel sickness.

Robert   Maybe you should see a doctor.

Jessica   You 'hink?

Robert   Right enough. Here, Isla, we still got Pepto-Bismol?

Isla   Ehm –

Jessica   It's fine. Ta though.

Isla   We've bin tidyin up.

Jessica   I see. I 'hink it's right whit yous hiv done. Our worlds were nivver meant tae meet. It's right brave o yous.

Robert   He didna tak his chance tae come back, so noo he canna come back at a'.

Pause.

So, whit dee you see noo?

Jessica   Let's see . . . Weel, it's hard tae get unner the skin o somebiddy fa disna hiv ony.

Pause.

I suppose I've git mair questions for you.

Robert   I'm gonna be frank wi you, Jessica. I've nae handed oot ony CVs.

Jessica   It's nae questions fae a form. Questions fae me this time.

Robert   Like?

Jessica   You're really intelligent.

Robert   That's nae a question. Just a fairly obvious statement.

Jessica   But it's nae obvious. You're really good at hiding your . . . skills. Really really good at hiding your intelligence. I suppose it taks different forms.

Some mair apparent than others. So whit wis you looking for?

Robert   Ma dad.

Jessica   You wis lookin for mair than your dad.

Robert   S'pose. Whit I wis looking for, in a' that work . . . wis . . . the truth. I wis looking clarity in a' the confusion. I wis looking for beauty in a' this ugliness. I wis looking for control in a' the chaos. I wis looking for comfort and calm and relief fae the pain. I wis looking for peace. And proof that there is mair tae life than jist being a mannie like me.

Jessica   And did you find the answers in this room?

Robert   I thought it had the answer. I thought it wis the place.

Isla   You riddy, Robert?

Jessica   Fit's happenin?

Isla　I've got ma judo, so I've nae got a' night.

Robert　I 'hink I'm riddy.

Jessica　Fit's happenin?

Isla　He's going oot.

Jessica　Brilliant.

Robert　Aye, nae much.

Jessica　You're strong enough, Robert.

Robert　We'll see.

Jessica　Naebiddy's shed mair skin than you.

They take a step outside into the night. Just as a cloud uncovers the moon, it shines brightly.

Robert　Whit's that smell?

Isla　Fresh air, y'fud.

Robert *takes a deep breath. The moon shines brighter and brighter.*

For a complete listing of Bloomsbury
Methuen Drama titles, visit:

www.bloomsbury.com/drama

Follow us on Twitter and keep up to date
with our news and publications

@MethuenDrama